Εἶναι ἡ πρώτη φο[ρ]
προσπάθησε νὰ συγκ[ε]
χειρονομίες καὶ ἐκφρά[σ]
καλλιτέχνη νὰ συμβουλ[...]
αὐτῶν τῶν ἐκφράσεων [...]
Αὐτὴ ἡ μέθοδος τῆς ἐκφ[ρ]

Ὁ συγγραφεὺς καὶ καλλιτέχνης εὐχαριστεῖ θερμῶς τὸν καθηγητὴν Μπάρμπα – Γιάννη διὰ τὴν βοήθειαν πρὸς ἐκμάθησιν τῆς Ἑλληνικῆς γλώσσης.

Τὸ βιβλίον ἐξεδόθη διὰ τὴν διευκόλυνσιν πρὸς συννενόησιν τῶν ξένων μὲ τοὺς Ἕλληνες καθὼς καὶ δια τοὺς Ἕλληας νὰ θυμηθοῦν τὶς ἐκφράσεις καὶ τὶς τόσον ἐκφραστικὲς χειρονομίες μὲ τὰ χέρια, τὰ μάτια καὶ τοὺς ὤμους.

1

Introduction

Greek is a difficult, complicated language. It can take from a year to ten years to learn and most tourists do not generally have that sort of time. There is firstly the problem of a different alphabet, then an intricate grammar, difficult pronunciation, dialects...the list is endless. True, it is always possible to find in the big centres a Greek who can speak English, French or German but for those who venture into the villages, the small tavernas, the problem remains...how to communicate?

Now for the first time you can learn to communicate in a way that is probably older than language itself. With the help of one of the master exponents of this method, Professor Barba Yanni A.M.C., D.G., H.P.H. you will be able to converse easily on the most essential subjects of Greek daily life.

Follow the Professor carefully, study his movements, watch his facial expressions, the slight lift of an eyebrow, the shrug of a shoulder, a twinkle in his eye, his stance..., and you too will be able to speak Greek in a flash.

Get yourself some koboloi (worry beads), relax your muscles, loosen your shoulders, roll your eyes, shake your hands and study the indications for the movements of your head, arms and hands.

→	to the right
←	to the left
↔	both ways horizontally
↑	up
↓	down
↕	both ways vertically
⌢→	semi circle to the right
←⌢	semi circle to the left
↔⌢	semi circle both ways
↻	complete circle
⟳	complete circle forwards
✦	touch or bring together
♡	kiss
⠿	koboloi

Now you are ready to meet Professor Barba Yianni A.M.C., D.G., H.P.H....

Einleitung

Griechisch ist eine schwierige, komplizierte Sprache. Ein bis zehn Jahre kann es dauern sie zu lernen, aber im allgemeinen haben die meisten Touristen nicht soviel Zeit. Das erste Problem ist das unterschiedliche Alphabet, dann eine umstaendliche Grammatik, schwierige Aussprache, Dialekte...die Liste ist endlos. Natuerlich ist es immer moeglich in den grossen Ballungsgebieten einen Griechen zu finden der englisch, franzoesisch oder deutsch spricht, aber fuer jene, die sich in die Doerfer oder die kleinen Tavernen wagen, bleibt das Problem...wie verstaendigt man sich?

Jetzt koennen Sie zum ersten Mal eine Verstaendigungsart lernen, die wahrscheinlich aelter ist, als die Sprache selbst. Mit Hilfe von einem der Experten dieser Methode, Prof. Dr. phil., Dr. rer. pol. h.c.,...Barba Yianni werden Sie faehig sein, sich ueber die wesentlichsten Dinge des griechischen taeglichen Lebens zu unterhalten. Folgen Sie dem Professor sorgfaeltig, studieren Sie seine Bewegungen, beobachten Sie seinen Gesichtsausdruck, das geringe Heben einer Augenbraue, das Achselzucken, sein Augenzwinkern, seine Haltung im Stehen... und auch Sie werden im Nu faehig sein, griechisch zu sprechen.

Nehmen Sie sich ein Koboloi (Sorgenperlen), entspannen Sie
ihre Muskeln, lockern Sie Ihre Schultern, rollen Sie Ihre Augen,
schuetteln Sie Ihre Haende und lernen Sie die Zeichen fuer die
Bewegungen Ihres Kopfes, der Arme und der Haende.

→	nach rechts
←	nach links
↔	beide Richtungen waagrecht
↑	hinauf
↓	herunter
↕	beide Richtungen senkrecht
⌒→	halbkreis nach rechts
←⌒	halbkreis nach links
↔⌒	halbkreis in beide Richtungen
◯	vollstaendiger Kreis
◯	vollstaendiger Kreis vorwaerts
✦	beruehren oder zusammenbringen
♡	Kuss
📿	Koboloi

Jetzt sind Sie bereit Prof. Dr. phil., Dr. rer. pol. h.c.,...Barba
Yianni.

5

Inledning

Grekiska är ett svårt, komplicerat språk. Det kan ta från ett till tio år att lära sig och i allmänhet har de flesta turister inte så lång tid på sig. Det första problemet är ett annorlunda alfabet, sen kommer invecklad grammatik, svårt uttal, dialekter...listan är oändlig. Det är naturligtvis alltid möjligt att i de stora städerna kunna finna en grek, som kan tala engelska, franska eller tyska, men för dem, som vågar sig ut i byarna, de små tavernorna problemet återstår...hur gör man sig förstådd?

Nu kan ni för första gången lära er att kommunicera på ett sätt som antagligen är äldre än själva språket. Med hjälp av en av mästertolkarna i denna metod, Professor Barba Yanni A.M.C., D.G., H.P.H. kommer ni att med lätthet kunna samtala om de väsentligaste ämnen i grekiskt daglig liv.

Observera Professorn noggrant, studera hans rörelser, iakttag hans ansiktsuttryck, en lätt höjning av ett ögonbryn, en axelryckning, en glimt i ögat, hans hållning...och ni kommer också att kunna tala grekiska på ögonblicket.

Skaffa er några koboloi (en sorts radband), slappa av era muskler, mjuka upp era axlar, rulla ögonen, skaka era händer och studera anvisningarna för rörelsena av huvud, armar och händer.

$\longrightarrow$	till höger
$\longleftarrow$	till vänster
$\longleftrightarrow$	båda riktningarna vågrätt
$\uparrow$	uppåt
$\downarrow$	nedåt
$\updownarrow$	båda riktningarna lodrätt
	halvcirkel till höger
	halvcirkel till vänster
	halvcirkel i båda riktningarna
	fullständig cirkel
	fullständig cirkel framåt
	rör eller för tillsammans
	kyss
	koboloi

Nu är ni redo att möta Professor Barba Yianni A.M.C., D.G., H.P.H....

Introduction

Le grec est une langue difficile, compliquée. Il peut falloir de une à dix années pour l'apprendre et la plupart des touristes ne disposent pas en général de ce laps de temps. Toutes sortes de problèmes se posent, tout d'abord l'alphabet qui diffère, puis une grammaire embrouillée, la difficulté de la prononciation, les différents dialectes...la liste en est infinie. Il est vrai qu'il est toujours possible de trouver dans les grands centres un grec qui peut parler anglais, français ou allemand, mais pour ceux qui se risquent dans les villages, les petites tavernes, le problème reste entier...comment se faire comprendre?

Maintenant pour la première fois vous pouvez apprendre à communiquer par un moyen qui est probablement plus ancien que le langage même. Avec l'aide d'un des maîtres de cette méthode, le professeur Barba Yianni Prof. en Phil. Dr. ès. Lettres vous serez en mesure de vous entretenir sur les sujets les plus importants de la vie courante en Grèce. Observez attentivement le professeur, étudiez bien ses gestes, épiez ses mimiques — un léger haussement de sourcil ou d'épaule, un scintillement dans l'oeil, son attitude...et vous aussi vous serez capable de parler le grec en un temps éclair.

8

Faites l'acquisition d'un komboloi (sorte de chapelet), détendez les muscles, relachez les épaules, roulez les yeux, agitez les mains et étudiez bien les indications pour les mouvements de tête, de bras et de mains.

→	à droite
←	à gauche
↔	gauche – droite d'un coup sec
↑	en haut
↓	en bas
↕	haut – bas d'un coup sec
↷	demi – tour à droite
↶	demi – tour à gauche
↷↶	demi – tour droite – gauche
↻	tour complet
↺	tour complet sens contraire
✦	leger claquement de mains
♡	baiser
komboloi	komboloi

Maintenant vous êtes prêt à rencontrer le professeur Barba Yianni Prof. en Phil. Dr. ès Lettres...

9

instant greek

sofort griechisch

blixtsnabbt grekiska

grec éclair

στὸ τάκά-τάκά ἑλληνικὰ

Your lesson has started. The Professor has just said, "Hello!" Let's try again, Professor, with a little more emphasis, please.

Der Unterricht hat begonnen. Der Professor hat gerade "Hallo" gesagt. Versuchen Sie es noch einmal, Professor, mit etwas mehr Schwung bitte.

Er lektion har börjat. Professorn har just sagt "Hejsan!" Försök igen, Professorn, med starkare betoning.

Votre leçon a commencé. Le professeur a simplement dit "Salut!" Essayez encore une fois, professeur, avec un peu plus d'énergie, si'il vous plaît.

Γειά σου.

Yia soo.

"Hello"

Wave your hand from side to side until greeting is acknowledged. Note the pleasant, welcoming expression. This can also mean, "Good day", "Good morning", Good afternoon" and "Good evening".

"Hallo"

Bewegen Sie Ihre Hand von einer Seite zur anderen bis das Gruessen erkannt wird. Beachten Sie den erfreuten Willkommensausdruck. Das kann natuerlich auch "Guten Morgen", "Guten Tag", und "Guten Abend" heissen.

"Hejsan"

Vinka med handen från höger till vänster, fingrarna utsträckta tills hälsningen är besvarad. Lägg märke till det vänliga välkomstuttrycket. Detta kan också betyda. "God dag", "God eftermiddag", och "God kväll".

"Salut"

Agitez la main, doigts tendus, de gauche à droite jusqu'à ce que l'on vous aperçoive. Remarquez la gentille expression de bienvenue. Cela peut aussi vouloir dire " Bonjour", "Bonne journée", "Bonne après-midi", ou "Bonne soirée".

Γειά σου.

Yia soo.

15

"Come here"

Thrust your hand forward and rotate it in a clawing motion.
Look up from under your hat and smile.

"Kommen Sie hierher"

Schieben Sie Ihre Hand mit einer klauenartigen Bewegung
vorwaerts. Blicken Sie ihn an und laecheln Sie.

"Kom hit"

Skjut handen framåt och sväng den runt i en kloliknande
rörelse. Titta upp och le.

"Venez ici"

Lancez la main en avant et ramenez la à vous dans un
mouvement circulaire, levez les yeux. Souriez.

Ἔλα δῶ.

Ela tho.

"I want to talk to you"

Drop the lower lip and pat it with your index finger.

"Ich moechte mit Ihnen sprechen"

Senken Sie die Unterlippe und beruehren Sie diese mit dem Zeigefinger.

"Jag vill tala med er"

Sänk underläppen och rör den lätt med pekfingret.

"Je voudrais vous parler"

Laisser tomber la lèvre inférieure et tapotez la avec l'index.

θέλω νὰ σοῦ μιλήσω.

Thélo na soo mileéso.

"Please sit down"

Extend your hand palm downwards and rapidly pat an imaginary dog. Smile.

"Bitte setzen Sie sich"

Strecken Sie Ihre Handflaeche nach unten als wollten Sie schnell einen unsichtbaren Hund streicheln. Laecheln.

"Var snäll och sitt"

Sträck ut handflatan nedåt och låtsas klappa en hund. Le.

"Veuillez vous asseoir"

Tapotez rapidement un chien imaginaire. Souriez.

Κάθησε παρακαλῶ.

Káthise parakaló.

"Welcome to Greece"

Raise your glass in one hand and extend the other with the palm held out. Half smile.

"Willkommen in Griechenland"

Halten Sie Ihr Glas in einer Hand und heben Sie die andere mit der Handflaeche nach aussen. Halbes Laecheln.

"Välkommen till Grekland"

Lyft ert glas med ena handen och sträck ut den andra framåt med handflatan utåt. Halvt leende.

"Soyez le bienvenu en Grèce"

Levez votre verre d'une main et étendez l'autre, paume en l'air. Demi sourire.

Καλοσώρισες στὴν Ἑλλάδα.

Kalosórises stin Ellátha.

"How are you?"

Twist one hand from side to side four to five times and raise your eyebrows in a questioning look.

"Wie geht es Ihnen?"

Drehen Sie eine Hand vier bis fuenfmal von einer Seit zur anderen und heben Sie Ihre Augenbrauen mit einem fragenden Ausdruck.

"Hur står det till?"

Vrid ena handen runt fyra till fem gånger och höj ögonbrynen med ett frågande uttryck.

"Comment allez-vous?"

Elevez une main, exécutez quatre ou cinq mouvements de rotation. Haussez les sourcils d'un regard interrogateur.

Τί κάνεις;

Ti kánees?

"Are you well?"

Hold one hand with the fingers together and lower it once. This gesture can also mean "sweet", "good" or "delicious".

"Geht es Ihnen gut?"

Senken Sie einmal die Hand mit geschlossenen Fingern. Diese Geste kann auch "suess", "gut" oder "koestlich" heissen.

"Mår du bra?"

Håll upp en hand med fingrarna tillsammans och sänk den en gang. Denna gest kan också betyda "söt", "god" eller "läcker".

"Ça va bien?"

Joignez le bout des doigts, abaissez la main une fois. Ce geste peut aussi vouloir dire "Bon", "Excellent" ou "Délicieux".

Εἶσαι καλά;

Eésay kalá?

"Before — many years ago"

Raise your hand until the palm is level with your face and make a throwing away motion over your shoulder. Close both eyes and raise the chin.

"Vorher — vor vielen Jahren"

Heben Sie Ihre Hand bis die Handflaeche waagrecht vor dem Gesicht ist und machen Sie eine wegwerfende Bewegung ueber Ihre Schulter. Schliessen Sie beide Augen und heben Sie das Kinn.

"Förr — för många år sen"

Sträck upp er hand tills handflatan är i ansiktsnivå och gör en gest, som om ni kastar något över axeln. Slut båda ögonen och höj hakan.

"Autrefois, il y a de longues années"

Levez la main, la paume au niveau de visage, faites un geste comme si vous vouliez jeter quelque chose par dessus l'épaule. Fermez les deux yeux et relevez le menton.

Χρόνια πρίν.

Krónia preén.

"I was young, like a warrior"

Roll your eyes downwards, smile reminiscently, and hold both hands, fingers rubbing together, either side of your mouth.

"Ich war jung wie ein Krieger"

Rollen Sie Ihre Augen nach unten, Erinnerungslaecheln, und halten Sie beide Haende mit reibenden Fingern an eine Seite des Mundes.

"Jag var ung, som en krigare"

Rulla ögonen nedåt, le inhågkommande, håll båda händerna på var sida om munnen och gnid fingrarna tillsammans.

"J'étais jeune, beau gars"

Les yeux baissés, un sourire plein de reminiscences, tenez les deux mains de chaque côté du visage en frottant les doigts les uns contre les autres.

Εἴμουν παλικάρι.

Eémoon palikári.

"And strong"

Thrust out your jaw and move the clenched fist slightly from side to side. Roll the eyes for added emphasis.

"Und stark"

Blasen Sie Ihre Kinnbacken auf und bewegen Sie geringfuegig die geballte Faust von einer Seite zur anderen. Rollen Sie zur zusaetzlichen Begeisterung mit den Augen.

"Och stark"

Skjut fram hakan och rör den knutna handen från ena sidan till den andra. Rulla ögonen för ökad effekt.

"Et fort"

Projetez la machoire en avant, mouvoir le poing doucement de droite à gauche. Roulez les yeux pour donner plus d'intensité.

Καὶ γερός.

Kay yerós.

"Now I'm old and weak"

Hunch your shoulders, wink one eye and point downwards with a forefinger. To indicate "man" stick the forefinger up.

"Jetzt bin ich alt und schwach"

Kruemmen Sie Ihre Schultern, zwinkern Sie mit einem Auge und deuten Sie mit dem Zeigefinger nach unten.

"Nu är jag gammal och svag"

Skjut upp axlarna, blinka med ett öga och peka nedåt med pekfingret. För att visa "man" stick upp pekfingret.

"Maintenant je suis vieux"

Jetez les épaules en avant, clignez un oeil et pointez un index vers le sol. Pour "homme" pointez l'index en l'air.

Τώρα εἶμαι γεροντάκι.

Tóra eémay yerondáki.

"Oh well, gone are the good days" (right hand) "Cheers" (left hand)

Raise the right hand and wave towards the back of your neck. Turn your head slightly and lower your eyes. With the left hand thump your glass on the table and raise it.

"Ach ja, die schoenen Tage sind vorbei" (rechte Hand) "Prost" (linke Hand)

Heben Sie die rechte Hand und schwenken Sie diese zum Nacken. Bewegen Sie geringfuegig Ihren Kopf und senken Sie die Augen. Mit der linken Hand stossen Sie Ihr Glas auf den Tisch und erheben es.

"Nåväl, den gamla goda tiden är förbi" (höger hand) "Skål" (vänster hand)

Sträck upp höger hand och vinka mot baksidan av nacken. Vrid ert huvud lätt och sänk ögonen. Med vänster hand stöt glaset mot bordet och höj det.

"Oh le bon vieux temps" (main droite) "A la vôtre" (main gauche)

Levez la main droite, et agitez la au niveau du cou. Tournez la tête légèrement et baissez les yeux. De la main gauche, frappez le verre sur la table et levez le.

Πᾶνε οἱ καλοὶ καιροί. Βίβα!

Pánay ee kaleé kaire. Viva!

"You are my friend, I love you"

Thrust your body forward, raise your head and place one hand on your heart. Point at the recipient with the other. This can also mean "thank you".

"Du bist mein Freund, ich liebe Dich"

Strecken Sie Ihren Koerper vorwaerts, heben Sie den Kopf und legen Sie eine Hand auf Ihr Herz. Deuten Sie auf den Empfaenger mit der anderen. Das kann auch "Vielen Dank" bedeuten.

"Du är min vän, jag tycker om dig"

Sträck er kropp framåt, höj huvudet och lägg en hand på hjärtat. Peka på mottagaren med den andra. Detta kan också betyda "tack så mycket".

"Tu es mon pote, tu me plais"

Bombez le torse, la tête haute, une main sur le coeur. De l'autre vous désignez le bénéficiaire. Ceci peut aussi vouloir dire "merci".

Εἶσαι φίλος μου, σ' ἀγαπῶ.

Eésay filos moo, s'agapó.

"How did you come here?"

With a questioning look point downwards with one index finger while placing the other hand, palm uppermost, on your knee.

"Wie sind Sie hierher gekommen?"

Mit einem fragenden Ausdruck deuten Sie mit dem Zeigefinger nach unten, waehrend die andere Hand, mit der Handflaeche nach oben, auf das Knie gelegt wird.

"Hur kom ni hit?"

Med en frågande blick peka nedåt med ett pekfinger medan ni placerar den andra handen, med handflatan uppåt på ert knä.

"Comment es-tu venu ici?"

Le regard interrogateur, pointez un index vers le sol tandis que vous mettez l'autre main, paume en l'air, sur le genou.

Πῶς ἦλθες ἐδῶ;

Pos ilthes ethó?

"By train?"

Blow your cheeks out and pump your clenched fists backwards and forewards like pistons. Sound effects will help.

"Mit dem Zug?"

Blasen Sie Ihre Wangen auf und bewegen Sie Ihre geballten Faeuste wie Kolben vorwaerts und rueckwaerts. Toneffekte werden helfen.

"Med tåg?"

Blås upp kinderna och pumpa era knutna händer bakåt och framåt som kolvar. Ljudeffekter hjälper.

"Par train?"

Gonflez les joues. Aspirez et expirez, machoires serrées, comme des pistons. Les effets sonores aideront.

Μὲ τὸ τραῖνο;

May to tráyno?

"By car?"

Grasp an imaginary steering wheel and turn vigorously. One foot can be raised as though on a brake or an accelerator.

"Mit dem Auto?"

Nehmen Sie ein unsichtbares Lenkrad und bewegen Sie es kraeftig. Heben Sie einen Fuss und machen Sie die Bewegung des Bremsens oder Gasgebens.

"Med bil?"

Tag ett inbillat hjul och vrid det kraftigt. En fot kan höjas som om ni bromsar eller accelererar.

"En voiture?"

Empoignez un volant imaginaire, et tournez le vigoureusement. Un pied peut être levé comme s'il se trouvait sur le frein ou sur l'accélérateur.

Μὲ αὐτοκίνητο;
May aftokínito?

"By aeroplane?"

Outstretch your arms and wheel about above your head.

"Mit dem Flugzeug?"

Machen Sie mit ausgestreckten Armen kreisende Bewegungen ueber Ihrem Kopf.

"Med plan?"

Sträck ut armarna och sväng dem runt över ert huvud.

"Par avion?"

Etendez les bras et faites les tourner au-dessus de la tête.

M' ἀεροπλάνο;

M'aeropláno?

"I came by donkey"

Sit sideways on your chair, bounce up and down and hit your bottom rhythmically.

"Ich bin mit dem Esel gekommen"

Setzen Sie sich seitlich auf den Stuhl. Springen Sie herauf und hinunter und schlagen Sie den Takt mit dem Fuss dazu.

"Jag kom på åsnerygg"

Sitt på sidan av stolen, studsa upp och ner och slå rytmiskt mot bakdelen.

"Je suis venu à dos d'âne"

Asseyez-vous à califourchon sur votre chaise. Bondissez en frappant votre postérieur en mesure.

᾽Ηρθα μὲ τὸ γαϊδούρι.

Irtha may to guythoóri.

"From very far away"

Point both hands in the same direction and shake up and down.

"Von sehr weit her"

Deuten Sie mit beiden Haenden in die gleiche Richtung und bewegen Sie diese rauf und runter.

"Långt här ifrån"

Sträck upp båda händerna i samma riktning och skaka dem upp och ned.

"De très loin"

Pointez les deux mains dans la même direction et agitez les de haut en bas.

'Από πολὺ μακριά.

Apó poleé makriá.

"White Bottom"

Drain your glass in one gulp. This is the english equivalent to "Bottoms up".

"Extrinken"

Leeren Sie das volle Glas mit einem Zug.

"Botten upp"

Töm ert glas i en klunk.

"Cul sec"

Videz votre verre d'un seul coup.

Άσπρο πάτο.

Aspro páto.

"I'm hungry"

Look miserable and pretend to saw your stomach in two.

"Ich bin hungrig"

Blicken Sie elend und tuen Sie so, als ob Sie den Magen durchsaegen wollten.

"Jag är hungrig"

Se olycklig ut och låtsas såga isär er mage.

"J'ai faim"

Prenez un air misérable et faites comme si vous vous sciez l'estomac en deux.

Μὲ κόβει λόρδα.

May kóvi lórtha.

"Waiter"

Look agressively in the direction of the waiter and vigorously clunk your fork against your glass.

"Herr Ober"

Blicken Sie streitlustig in Richtung des Obers und schlagen Sie kraeftig mit der Gabel an Ihr Glas.

"Kypare"

Släng en ilsken blick i kyparens riktning och klinga kraftfullt er gaffel mot glaset.

"Garçon"

Jetez un regard agressif dans la direction du garçon, et faites tinter avec force votre fourchette contre le verre.

Γκαρσόν.

Garsón.

"I want to eat"

Tilt your head and point down your throat with one hand. The fingers must be held together.

"Ich moechte etwas essen"

Neigen Sie den Kopf rueckwaerts und deuten Sie mit einer Hand auf den Mund. Finger geschlossen halten.

"Jag önskar äta"

Luta huvudet bakåt och peka nedåt mot halsen med en hand. Fingrarna måste hållas tillsammans.

"Je voudrais manger"

Incliner la tête et montrez le fond du gosier d'une main. Les doigts doivent être rapprochés.

Θέλω νὰ φάω.

Thélo na fáo.

59

"I want to see" (right hand) "What you are cooking" (left hand)

Open your eyes wide and point to one with the index finger of your right hand. At the same time point your left index finger downwards and rotate.

"Ich moechte sehen" (rechte Hand), "was sie kochen" (linke Hand)

Oeffnen Sie die Augen weit und deuten Sie auf eins mit dem Zeigefinger der rechten Hand. Zur gleichen Zeit deuten Sie kreisend mit dem Zeigefinger nach unten.

"Jag skulle vilja se" (höger hand) "Vad ni lagar till" (vänster hand)

Gör stora ögon och peka på ett öga med höger hands pekfinger. Samtidigt sträck ut ert vänstra pekfinger nedåt och rör runt.

"Je voudrais voir (main droite), "Ce que vous cuisinez" (main gauche)

Les yeux grands ouverts, pointez l'index de la main droite sur l'un d'eux. En même temps avec l'index de la main gauche, dirigé à terre, decrivez des cercles.

Θέλω νὰ δῶ, τί μαγειρεύεις:

Thélo na tho, ti maeerévis?

"Chicken"

Flap your arms energetically and if you like let out the odd crow.

"Huhn"

Flattern Sie kraeftig mit beiden Armen und wenn Sie moegen, machen Sie den Hahnenschrei.

"Kyckling"

Flaxa kraftigt med era armar och om ni tycker på kackla till.

"Poulet"

Battez les bras avec énergie et, si vous voulez, laissez échapper un gloussement.

Κοτόπουλο.

Kotópoolo.

"No"

This is an unemphasised "no", and could also mean "well, no but I might say yes if you press me". Raise your eyebrows, roll your eyes up and tilt your head back. With practice the head movement may be omitted.

"Nein"

Dies ist ein "Nein" ohne Nachdruck. Es kann auch bedeuten "Nein" aber man wuerde "Ja" sagen, wenn man dazu genoetigt wird. Heben Sie die Augenbrauen, rollen Sie die Augen nach oben und neigen Sie den Kopf rueckwaerts. Gewoehnlich kann man die Kopfbewegung auch weglassen.

"Nej"

Detta är ett "nej" utan betoning, och det kan också betyda "nåja, men jag kanske också säger ja, om ni tvingar mig". Höj ögonbrynen, rulla ögonen uppåt och luta huvudet bakåt. Om ni är vältränad kan huvudrörelsen utelämnas.

"Non"

Ce n'est pas un "non" énergique; il pourrait vouloir dire aussi "Hè bien, non, mais je peux dire oui si vous insistez". Sourcils et yeux levés, inclinez la tête en arrière. Avec de la pratique on peut supprimer le mouvement de tête.

Ὄχι.

Óchi.

"Rabbit (or hare)"

Place your two index fingers on your head and scowl. To indicate "beef" bring your fingers further foreward and place on your forehead.

"Kaninchen (oder Hase)"

Halten Sie beide Zeigefinger an Ihren Kopf. Bei "Rindfleisch" halten Sie die Finger an die Stirn.

"Kanin"

Placera era två pekfingrar på huvudet och rynka ögonbrynen. För att visa "biff" för fram fingrarna på pannan och luta dem framåt.

"Lapin (ou lièvre)"

Mettre les deux index sur la tête et froncez le nez. Pour indiquer "boeuf" les deux index éloignés l'un de l'autre et pointés en avant.

Λαγό.

Lagó.

"Definitely not"

Raise your eyebrows, roll your eyes upwards, throw your head back and raise both hands.

"Bestimmt nicht"

Heben Sie die Augenbrauen, rollen Sie die Augen, neigen Sie den Kopf rueckwaerts und heben Sie beide Haende.

"Definitivt inte"

Höj ögonbrynen, rulla ögonen uppåt, släng huvudet bakåt och håll upp båda händerna.

"Absolument pas"

Sourcils et yeux levés, rejetez la tête en arrière. Etendez les deux mains, paumes en avant.

᾿Αποκλείεται.

Apoklée-etay.

"Fish"

Put one hand palm downwards and scrape it with the other, palm upwards.

"Fisch"

Nehmen Sie eine Hand mit der Handflaeche nach unten, die andere mit der Handflaeche nach oben und reiben Sie die Handruecken.

"Fisk"

Håll ena handflatan nedåt och gnid den med den andra, handflatan uppåt.

"Poisson"

Une main racle le dos de l'autre, doigts étendus, paume vers le sol.

Ψάρι.

Psári.

"Just a little bit"

Screw up your eyes and flick the tips of the thumb and the forefinger of one hand.

"Nur ein wenig"

Reissen Sie ihre Augen weit auf und schnipsen Sie mit dem Daumen und dem Zeigefinger einer Hand.

"Bara litet grand"

Gör stora ögon och knäpp med ena handens tumme och pekfinger.

"Un tout petit peu"

Clignez de l'oeil et rapprochez le pouce de l'index.

Μιὰ σταλιά.

Miá staliá.

"Something to drink" (left hand), "Half a kilo of wine" (right hand)

Tilt your head back and rock your left thumb backwards and forewards towards your mouth. Tap the middle of the wine jug with your right hand, palm downwards.

"Etwas zu trinken" (linke Hand) "einen halben Liter Wein" (rechte Hand)

Neigen Sie den Kopf nach hinten und machen Sie mit dem Daumen eine schaukelnde Bewegung vorwaerts und rueckwaerts zu Ihrem Mund. Klopfen Sie mit der rechten Handflaeche nach unten an die Weinkrugmitte.

"Något att dricka" (vänster hand), "Ett halvt kilo vin" (höger hand)

Luta huvudet bakåt och sträck vänster hands tumme bakåt och framåt mot munnen. Knacka lätt med höger hand, handflatan nedåt på mitten av vinkannan.

"Quelque chose à boire" (main gauche) "Un demi kilo de vin" (main droite)

Penchez la tête, le pouce en direction de la bouche entrouverte. Donnez un coup au milieu du pot de vin de la main droite, paume vers le sol.

Νὰ πιῶ κάτι; Ἕνα καρτούτσο.

Na pió káti. Ena kartoótso.

"Nothing else"

Lower your eyes, turn your mouth down and cross and recross your hands with the palms outermost.

"Nichts mehr"

Senken Sie Ihre Augen und Ihren Mund und kreuzen Sie mehrmals Ihre Haende mit der Handflaeche nach aussen.

"Inget annat"

Sänk ögonen, dra ner mungiporna och korsa händerna flera gånger med handflatorna utåt.

"Rien d'autre"

Baissez les yeux, bouche en "cul de poule" croisez et recroisez les mains, paumes en avant.

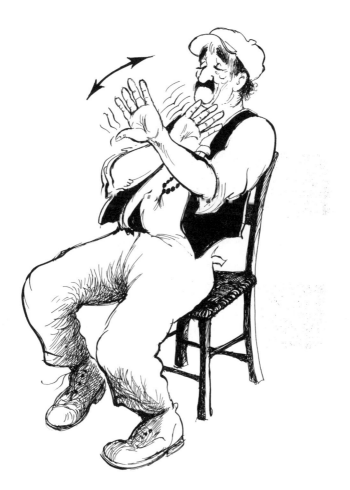

Τιποτ' ἄλλο.

Tipot' allo.

"Do you have money?"

Lean foreward with a conniving expression on your face and rub the thumb of one hand vigorously against the forefinger.

"Haben Sie Geld?"

Lehnen Sie sich vorwaerts, ein Auge zugedrueckt und reiben Sie den Daumen kraeftig an dem Zeigefinger.

"Har ni pengar?"

Luta er framåt med ett listigt ansiktsuttryck och gnid ena handens tumme kraftigt mot pekfingret.

"Avez-vous de l'argent?"

Penchez vous en avant avec un air de connivence et frottez vigoureusement le pouce contre l'index.

Ἔχεις λεπτά;

Echis leptá?

"I have nothing"

Raise your head and brush your neck and chin with the back of one hand several times.

"Ich habe garnichts"

Heben Sie Ihren Kopf und streichen Sie einige Male mit dem Handruecken ueber Hals und Kinn.

"Jag har ingenting"

Höj huvudet och stryk er hals och haka flera gånger med handens baksida.

"Je n'ai rien"

Levez la tête. Brossez vous le double menton du dos de la main plusieurs fois de suite.

Δὲν ἔχω τίποτες.

Then écho teépotes.

"I am telling the truth"

Look soulful, cross your index fingers, kiss them and bring them apart.

"Ich sage die Wahrheit"

Blicken Sie seelenvoll. Kuessen Sie Ihre gekreuzten Zeigefinger und halten Sie diese danach seitwaerts.

"Jag talar sanning"

Se oskyldig ut, korsa era pekfingrar, kyss dem och skilj dem åt.

"Je dis la verité"

L'air inspiré, les deux index croisés, embrassez les et écartez les vivement.

Μὰ τὸ Θεό.

Ma to Theó.

"I've got a stomach ache"

Hunch foreward and press your hands into your stomach.

"Ich habe Magenschmerzen"

Kruemmen Sie sich zusammen und pressen Sie eine Hand auf Ihren Magen.

"Jag har ont i magen"

Böj er framåt och pressa händerna på magen.

"J'ai mal à l'estomac"

Pliez vous en deux, appuyez les mains sur l'estomac.

Μοῦ πονάει τὸ στομάχι.
Moo poniee to stomachi.

"I'm going to be sick"

Puff your cheeks out, hold your mouth with one hand and your stomach with the other.

"Ich werde wahrscheinlich krank werden"

Atmen Sie mit eingefallenen Wangen aus, halten Sie eine Hand auf Ihren Mund, die andere auf Ihren Magen.

"Jag känner mig illamående"

Blås upp kinderna, håll en hand på munnen, den andra på magen.

"Je vais être malade"

Gonflez les joues, une main sur la bouche, l'autre sur l'estomac.

Θὰ ταβγάλω.

Tha tavgálo.

"I want to go to the lavatory"

Look worried, clench your fist and pump your arm diagonally
away from your side.

"Ich moechte in den Waschraum gehen"

Blicken Sie kummervoll, machen Sie eine Faust und bewegen
Sie diese schraeg zur Seite.

"Jag behöver gå på toiletten"

Se bekymrad ut, knyt näven och skjut ut er arm kraftigt, snett
utåt från sidan, upprepade gånger.

"Je voudrais aller au lavabo"

Le regard inquiet, le poing serré lancez le en diagonal par
coups brusques et secs.

Θέλω νὰ πάω στὸ μέρος.

Thélo na pao sto méros.

"We shall now have a short break."

"Jetzt werden wir ein kurze Pause machen."

"Nu ska vi ta en liten paus."

"Nous aurons maintenant une petite interruption."

Διάλειμμα.

Thiálima.

"I am so so now"

Open the hand, spread the fingers slightly and twist from the wrist.

"Jezt geht es mir halbgut und halbschlecht"

Oeffnen Sie die Hand, spreizen Sie die Finger etwas und machen Sie eine Drehbewegung aus dem Handgelenk.

"Jag känner mig litet bättre nu"

Sträck ut handen, med fingrarna lått åtskilda och vrid lätt handen från handleden.

"Ça va à peu près maintenant"

Etendez la main, les doigts légèrement écartés, effectuez à partir du poignet un mouvement de semi-rotation.

Εἶμαι ἔτσι κι' ἔτσι τώρα.

Eemay étsi ke 'tsi tóra.

"Do you have children?"

Raise your eyebrows and indicate a small height from the floor with an open hand.

"Haben Sie Kinder?"

Heben Sie Ihre Augenbrauen und zeigen Sie mit geoeffneter Hand eine geringe Hoehe vom Boden.

"Har ni några barn?"

Höj ögonbrynen och tyd på storlek från golvet med en öppen hand.

"As-tu des enfants?"

Haussez les sourcils, indiquez une petite taille avec la main ouverte.

῎Εχεις παιδιά;

Echis paythiá?

"Yes"

Tilt the head, slightly close the eyes and nod once.

"Ja"

Neigen Sie den Kopf mit fast geschlossenen Augen und nicken Sie einmal.

"Ja"

Skaka på huvudet, slut ögonen lätt och nicka en gång.

"Oui"

Hochez la tête, les yeux légèrement fermés.

Ναί.

Nay.

"I have many, five children"

Show the various heights with one hand, while waving the other in a circular movement to indicate "many".

"Ich habe viele Kinder, fuenf!"

Zeigen Sie die verschiedenen Groessen mit einer Hand an, waehrend die andere eine kreisende Bewegung macht, was "viele" bedeutet.

"Jag har många, fem barn"

Visa de olika storlekarna med en hand, medan ni gör en cirkelliknande rörelse med den andra handen, för att visa "många".

"J'en ai beaucoup, cinq"

Indiquez les différentes tailles d'une main. De l'autre vous tracez en l'air un mouvement circulaire pour indiquer "beaucoup".

Ἔχω ἕνα τσούρμο.

Echo éna tsoórmo.

"I knew"

Lean foreward, point to your head with a forefinger and twist once. This gesture can also mean "Do you remember?" and "Don't forget".

"Ich weiss"

Beugen Sie sich vorwaerts und tippen Sie einmal mit dem Zeigefinger an den Kopf. Diese Geste kann auch "Erinnerst du Dich" und "Vergiss nicht" bedeuten.

"Jag visste det"

Luta er framåt, peka på ert huvud med pekfingret och vrid det en gång. Denna gest kan också betyda "Kommer du ihåg?" och "Glöm inte".

"Je le savais"

Penchez-vous en avant, l'index pointé sur la tempe, effectuez un mouvement de vis une fois. Ce geste peut aussi vouloir dire "vous souvenez-vous?" et "n'oubliez pas".

Ἤξερα.

Ixera.

"A fat"

Hold your arms apart (depends of course on how fat), curve them and shake slightly.

"Ein Dicker"

Zeigen Sie mit gekruemmten Armen and etwas Bewegung an, wie dick.

"En tjock"

Håll armarna åtskilda (beror förstås på hur tjock), böj dem och skaka lätt.

"Une grosse"

Ecartez les bras loin du corps (l'écartement dépend de la grosseur), arrondissez les et agitez les légèrement.

Μιὰ χοντρή.
Mia hondreé.

"Very, very strong"

Get to your feet, throw your head back, raise your clenched fists and shake slightly with brusque, firm movements.

"Sehr, sehr kraeftig"

Stampfen Sie mit dem Fuss auf, werfen Sie den Kopf zurueck und erheben Sie die geballte Faust, die Sie sehr bestimmt einige Male bewegen muessen.

"Mycket, mycket stark"

Stå upp, släng huvudet bakåt, håll upp era knutna händer och skaka lätt med bryska, bestämda rörelser.

"Très, très forte"

Campez vous bien sur les pieds, rejetez la tête en arrière, levez les poings et secouez les légèrement en mouvements brusques et secs.

Γεροδεμένη.

Yerotheméni.

"Woman"

Thump your chest once with your clenched fists and look lustful. Don't thump more than once or you will be mistaken for a gorilla.

"Frau"

Klopfen Sie sich einmal mit gebattler Faust auf die Brust und blicken Sie sehnsuechtig. Klopfen Sie jedoch nicht mehr als einmal, sonst werden Sie als Gorilla missverstanden werden.

"Kvinna"

Slå er på bröstet en gång med knutna händer och se amorös ut. Slå er inte mer än en gång annars kan ni bli tagen för en gorilla.

"Femme"

Frappez-vous des poings la poitrine une fois. Regard lascif. Ne vous frappez pas plus d'une fois sinon on vous prendra pour un gorille.

Γυναίχα.

Yináyka.

"So I married her"

Knock your two index fingers together. To indicate family or relations rub them together.

"Ich habe sie geheiratet"

Schlagen Sie mit ihren beiden Zeigefingern gegeneinander. Um "Familie" oder "Verwandtschaft" anzuzeigen, reiben Sie diese gegeneinander.

"Så jag gifte mig med henne"

Slå tillsammans era båda pekfingrar. För att visa familj eller släkt gnid dem mot varandra.

"Ainsi je l'ai épousée"

Frappez les deux index ensemble. Pour parents ou famille frottez deux doigts l'un contre l'autre.

Ἔτσι τὴν παντρεύτηκα.

Etsi teen padréftika.

"My gracious me"

Open your mouth and bring your outspread hand down heavily on the table. It is essential that all the glasses and plates on the table jump.

"Verdammtnochmal"

Oeffnen Sie Ihren Mund und schlagen Sie mit gespreizten Fingern kraeftig auf den Tisch. Es ist wesentlich, dass dabei alle Glaeser und Teller auf dem Tisch hochspringen.

"Du milde"

Öppna er mun och slå kraftigt på bordet med utbredd hand. Det är viktigt att alla glas och tallrikar hoppar på bordet.

"Pauvre de moi"

Ouvrez la bouche et laissez tomber lourdement votre main étendue sur la table. Il est très important de faire sauter tous les verres et toutes les assiettes.

Ὁ φουκαρᾶς.

O fookarás.

"I must have been crazy"

Dig your thumb into your chest and hold the two forefingers of the other hand next to your head. Waggle them.

"Ich muss verrueckt gewesen sein"

Pressen Sie den Daumen auf Ihre Brust und tippen Sie leicht mit dem Zeige–und Mittelfinger der anderen Hand an Ihren Kopf.

"Jag måste varit galen"

Kör in tummen i bröstet och håll upp andra handens två mittfingrar vid pannan, sväng dem.

"Je devais être fou"

Creusez vous la poitrine du pouce, mettre deux doigts de l'autre main au niveau de la tempe, battez les en mouvements vifs et courts.

Πρέπει νἄμουν τρελός.

Prépi námoon trelós.

"She was very bad"

Raise your head, whistle softly, grasp your coat lapel with one hand and shake vigorously.

"Sie war sehr schlecht"

Heben Sie Ihren Kopf an, pfeifen Sie leise, ergreifen Sie mit einer Hand Ihren Jackenaufschlag und schuetteln Sie diesen kraeftig.

"Hon var mycket elak"

Höj huvudet, vissla lätt, håll tag i kavajuppslaget och skaka det kraftigt.

"Elle était odieuse"

Levez la tête, sifflez légèrement, attrapez d'une main le revers de votre vêtement et secouez le avec énergie.

Ἦταν στριμένη.

Eétan striméni.

"A real devil"

Look ferocious, make a V sign above your head with one hand and waggle the index finger of the other hand behind you.

"Ein wahrer Teufel"

Blicken Sie wild, machen Sie mit einer Hand ein V-Zeichen auf Ihrem Kopf und wedeln Sie mit dem Zeigefinger der anderen Hand nach hinten.

"En riktig demon"

Se vild ut, gör ett V-tecken ovanför ert huvud med ena handen och sväng den andra handens pekfinger bakom er.

"Un vrai démon"

Le regard féroce, d'une main faites un V au-dessus de la tête. Faites frétiller l'index de l'autre main derrière vous.

Ἔνας σατανᾶς.

Enas satanás.

"She beat me"

Open your mouth in an expression of anguish and beat yourself on the back with one hand.

"Sie schlug mich"

Oeffnen Sie Ihren Mund mit einem Ausdruck der Angst und schlagen Sie mit einer Hand auf Ihr Hinterteil.

"Hon slog mig"

Öppna er mun med ett uttryck av rädsla och slå er själv på ryggen med en hand.

"Elle me battait"

Ouvrez la bouche dans une expression d'angoisse et frappez-vous dans le dos.

M' ἔδερνε.

M'éthernay.

"Made my whole life upside-down"

Throw your head back and circle your hands, palms innermost, around each other.

"Sie brachte mein Leben durcheinander"

Werfen Sie den Kopf zurueck und kreisen Sie eine Hand um die andere, Handflaeche nach innen.

"Hon vände upp och ner på hela mitt liv"

Släng huvudet bakåt och rör era händer i cirklar med handflatorna inåt.

"Elle a bouleversé ma vie"

La tête rejetèe en arrière, faites tourner vos mains l'une autour de l'autre, paumes à l'intérieur.

Μοὖκανε τὴ ζωὴ ἄνω κάτω.

Moókanay tee zoeé áno káto.

"The headaches I had"

Grasp your head with both hands.

"Die Kopfschmerzen, die ich hatte"

Ergreifen Sie Ihren Kopf mit beiden Haenden.

"Vilken huvudvärk jag hade"

Fatta tag i ert huvud med båda händerna.

"Quels maux de tête j'avais"

Etreignez-vous la tête des deux mains.

Μοὔφευγε τὸ κεφάλι.

Moófevyay to kefákli.

"We do not get on"

Turn your mouth down and brush the side of your nose with the index finger.

"Wir leben nicht mehr zusammen"

Ziehen Sie Ihren Mund nach unten und streichen Sie mit dem Zeigefinger ueber den Nasenfluegel.

"Vi drog inte jämt"

Drag ner mungiporna och gnid näsvingen med pekfingret.

"Ça n'allait pas du tout"

Bouche "en cul de poule", frottez l'aile du nez de l'index.

Δὲν τὰ πᾶμε καλά.

Then ta páme kalá.

"I give up"

This is the same gesture as "not at all" but with a defeated expression on your face.

"Ich gebe es auf"

Dies ist die gleiche Geste wie "Bestimmt nicht" jedoch mit einem niedergeschlagenem Ausdruck im Gesicht.

"Jag ger upp"

Detta är samma gest som "inte alls" men med ett tillintetgjort ansiktsuttryck.

"J'abandonne"

Même geste que pour "pas du tout" mais avec un air de défaite sur le visage.

Δὲν ἀντέχω πιά.

Then andécho piá.

"I'll go my way"

Show which way you'll go by shaking your hand looking keenly into the distance.

"Ich werde meinen Weg gehen"

Zeigen Sie durch Handschuetteln in welche Richtung Sie gehen werden und blicken Sie scharf in die Ferne.

"Jag ska gå min väg"

Med handskakningar visa i vilken riktning ni ska gå och titta längtande i fjärran.

"J'irai de mon côté"

Montrez de la main de quel côté vous irez, le regard perdu dans le lointain.

Θὰ πάρω τὸ δρόμο μου.

Tha páro to thrómo moo.

"You can put a hole in my nose"

This is a very Greek expression and implies "you can do what you like but I still won't do what you want". Screw up your face, place one forefinger against your nose and twist.

"Sie koennen meine Nase durchboren"

Dies ist ein sehr griechischer Ausdruck und bedeutet "Sie koennen anstellen, was Sie wollen, ich werde Ihnen trotzdem keinen Gefallen tun". Halten Sie das Gesicht nach oben und drehen Sie mit dem Zeigefinger Ihre Nasenspitze.

"Ni kan göra ett hå i min näsa"

Detta är ett typiskt grekiskt uttryck och betyder "ni kan göra vad ni vill men jag kommer i alla fall inte att göra vad ni vill". Rynka ansiktet, placera ett pekfinger på näsan och vrid.

"Tu peux me percer le nez"

C'est une expression très grecque qui sous-entend "vous pouvez faire ce que vous voulez mais moi, je ne ferai certainement pas ce que vous voulez". L'air opprimé, pointez l'index sur l'aile du nez et vissez.

Νὰ μοῦ τρυπήσῃς τὴ μύτη.

Na moo tripeésis tee meéti.

"Cut off my arms"

This gives added emphasis to the previous gesture. Extend one arm and chop downwards with the other hand.

"Schneiden Sie meine Arme ab"

Das ist eine zusaetzliche Bekraeftigung zu der vorherigen Geste. Strecken Sie einen Arm aus und schlagen Sie ihn mit der anderen Hand nach unten.

"Hugga armarna av mig"

Detta ger ökad vikt åt föregående gest. Sträck ut en arm och hugg nedåt med den andra handen.

"Me couper les bras"

Ceci renforce le geste précédent. Etendez un bras et servez vous de l'autre main comme d'une hache.

Νὰ μοῦ κοποῦνε τὰ χέρια.

Na moo kopoónay ta hairia.

"Never will I go back"

Waggle the index finger of one hand and point behind you with the other, palm outermost.

"Ich werde niemals zurueckgehen"

Wedeln Sie mit dem Zeigefinger der einen Hand und deuten Sie mit der anderen Hand, Handflaeche nach aussen, hinter sich.

"Jag ska aldrig gå tillbaks"

Sväng ena handens pekfinger och peka bakåt med den andra, handflatan utåt.

"Je ne retournerai jamais"

Agitez l'index en petits mouvements courts et vifs. Projetez l'autre main derrière vous.

Δὲ πάω πίσω πιά.

They pao peéso piá.

"It's finished"

Lean back with the chin raised and slap your hands several times.

"Es is zu Ende"

Lehnen Sie sich zurueck, heben Sie Ihr Kinn an und schlagen Sie beide Handflaechen mehrmals nach oben und unten gegeneinander.

"Det är slut"

Luta er bakåt, skjut hakan i vädret och slå handflatorna mot varandra upprepade gånger.

"C'est fini"

Penchez-vous en arrière, menton haut, glissez vos mains l'une contre l'autre en les claquant plusieurs fois.

Τελείωσε.

Teleéosay.

"She can go half way to hell"

With a sneering expression on your face push your two forefingers vigorously foreward in a V sign. It is permissible to say "na" at the same time.

"Sie kann halbwegs zur Hoelle gehen"

Mit einem spoettischen Ausdruck im Gesicht schnellen Sie Ihren Zeige und Mittelfinger kraeftig vorwaerts, machen Sie ein V-Zeichen. Zur gleichen Zeit koennen Sie "na" sagen.

"Hon kan gå halvvägs till helvetet"

Med ett hånfullt ansiktsuttryck, skjut kraftfullt fram två fingrar i ett V tecken. Det är tillåtet att säga "na" samtidigt.

"Elle peut aller au diable"

En ricanant, portez en avant avec energie deux doigts en signe de V. Il est permis de dire "na" en même temps.

Νὰ πάει στὸ διάβολο.
Na piee sto thiávolo.

139

"All the way"

Same expression as the previous gesture but this time push your whole hand, palm outermost, foreward.

"Den ganzen Weg"

Den gleichen Ausdruck wie vorher, aber diesmal strecken Sie die ganze Hand, mit der Handflaeche nach aussen, vorwaerts.

"Hela vägen"

Samma uttryck som föregående, men skjut fram hela er hand denna gången, flatan utåt.

"Qu'elle y aille"

Même expression que la précédente mais cette fois projetez en avant la main en entier, paume à l'extérieur.

Πέρα γιὰ πέρα.

Péra yiá péra.

141

"Twice to hell"

Both hands this time and a more ferocious expression on your face.

"Zweimal zur Hoelle"

Diesmal beide Haende, jedoch mit einem wilden Ausdruck im Gesicht.

"Två gånger till helvetet"

Båda händerna denna gången och med ett uttryck av raseri i ansiktet.

"Qu'elle y aille deux fois"

Les deux mains ensemble cette fois, d'un air enragé.

Δυὸ φορὲς στὸ διάβολο.

Thió forés sto thiávolo.

"Three times to hell"

A foot is added, sole outermost.

"Dreimal zur Hoelle"

Zusaetzlich einen Fuss mit der Sohle nach aussen.

"Tre gånger till helvetet"

Lägg till en fot, sulan utåt.

"Qu'elle y aille trois fois"

Ajoutez un pied, plante en avant.

Τρεῖς φορὲς στὸ διάβολο.

Treés forés sto thiávolo.

"Four times to hell"

This gesture is only recommended for those with good balance and quite determined they never want to see the person they are addressing again.

"Viermal zur Hoelle"

Diese Geste ist nur Personen mit gutem Balancevermoegen zu empfehlen, denn sonst werden Sie Ihren Gespraechspartner nich mehr sehen.

"Fyra gånger till helvetet"

Denna gest rekommenderas endast till dem som har ett gott balanssinne och är helt beslutna att de aldrig vill se personen i fråga igen.

"Qu'elle y aille quatre fois"

Ce geste n'est recommandé qu'à ceux qui ont un bon équilibre et qui sont décidés à ne jamais revoir la personne à laquelle ils s'adressent.

Στὸν ἀγύριστο.

Stone ayéeristo.

"I must go to sleep now"

"Ich muss jetz schlafen gehen"

"Jag måste gå och sova nu"

"Je dois aller dormir maintenant"

Πάω νὰ κοροϊδέψω τοὺς πεθαμένους.

Pao na koroythépso toos pethaménoos.

"Goodbye, come back again"

Raise your hand and wave towards yourself as though beckoning.

"Auf Wiedersehen, kommen Sie wieder zurueck"

Heben Sie die Hand und schwenken Sie diese, als wollten Sie winken.

"Adjö, kom tillbaka snart"

Höj handen och gör en gest mot er själv som om ni vinkar.

"Au revoir, à bientôt"

En partant levez la main derrière le dos et faites signe.

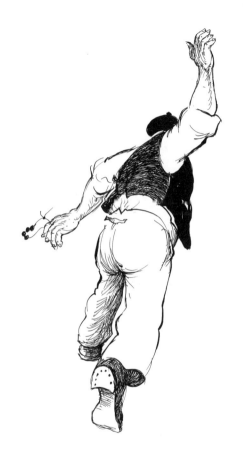

Γειὰ χαρά.
Νὰ σᾶς ξαναδοῦμε.

Yia hará.
Na sas xanathoómay.

"My wife is waiting for me"

"Meine Frau wartet auf mich"

"Min fru väntar på mig"

"Ma femme m'attend"

Μὲ περιμένει ἡ γυναίκα μου.
Me periméni ee yináyka moo.

The Author

Papas only made one Odyssey in his life, from his birthplace in South Africa to the land of his forbears. The journey, however, took twenty years and followed a hazardous course via truck driver, farmer, airman, Jamaica, labourer, dish washer, riveter's mate, India, political cartoonist, hitch-hiker, billboard walker, baby sitter, London, husband, sailor, book publisher, children's story teller, Lapland, artist, and reindeer rounderupper. When he eventually reached the small fishing village of his ancestors he decided aginst learning greek well because he found it far more effective and simpler to use his hands.

Papas stayed in Greece for 12 years with his wife, Tessa, his beagle, Tomba, his cat, Grego, his donkey, Socrates, two chickens and six tortoises. Today he lives in Portland, Oregon, with two dogs, 4 cats and, of course, Tessa.

Der Autor

Papas machte eine einzige Odyssee in seinem Leben, von seinem Geburtsort in Suedafrika zum Land seiner Vorfahren. Die Reise dauerte zwanzig Jahre und folgte einem abenteuerlichen Kurs als Lastwagenfahrer, Farmer, Flieger, Jamaica, Arbeiter, Tellerwaescher, Machinist von Nietmaschinen, Indien, politischer Karikaturist, Autoanhalter, Reklamelaeufer, Kinderhueter, London Ehemann, Seemann, Buchverleger, Kindergeschichten-schreiber, Lapland, Maler, Renntierfaenger.

Als er am Ende das kleine Fischerdorf seiner Vorfahren erreichte, hat er sich gegen gutes Griechischlernen entschieden, denn er fand es viel wirkungsvoller seine Haende zu verwenden.

Papas lebte in Griechenland fuer 12 jahre und lebt heute in Portland, Oregon USA.

155

Författare

Papas gjorde enbart en Odyssé i sitt liv, från sin födelseort i Sydafrika till sina förfäders land. Resan tog emellertid tjugo år och följde en äventyrling kurs som lastbilschaufför, lantbrukare, flygare, Jamaica, arbetare, tallriksdiskare, nitare, Indien, politisk karikatyrtecknare, liftare, plakatbärare, barnvakt, London, äkta man, sjöman, bokförläggare, sagoberättare, Lappland, artist och refångare. När han slutigen anlände till sina förfäders lilla fiskeby bestämde han sig att inte lära sig grekiska ordentligt. Han fann det betydligt mer effektivt och enklare att använda händerna.

L'Auteur

Papas a vécu plus d'un Odyssé dans sa vie, depuis son lieu de naissance, l'Afrique du Sud, jusqu'à la terre de ses pères. Cela lui a pris vingt ans pour faire ce voyage. Il a suivi un chemin hasardeux, via la Jamaique, il fut routier, fermier, aviateur, via les indes, laboureur, plongeur de restaurant, aide riveur, caricaturiste politique, autostoppeur, encaisseur, garde d'enfants, vla Londres, marl, marin, editeur, conteur, via la Laponie, artiste, et trappeur. Quand il atteint finalement le petit port de pêche ancestral il décide de ne pas apprendre à fond le grec, trouvant beaucoup simple et efficace de se servir de ses mains pour s'exprimer.

Papas a resté en Grèce pour douze ans et maintenant il habite Portland, Oregon.

With thanks to:
Kostos
Geneviève
Margund
Takis
Kostula
Caroline
Dexter
Barba Adonis
Mercuri
Panayiotis
Niko
Paraskeva
Christina
Michalis
Thimios
Theodoros
Elias
Dimitri
Irene
Socrates
Tomba
Grego
Ingrid
Fabritsio
Cecilia
Dougal
Roland
Barbara
Bruno
and most of all my darlingest Tessa

Other Books by

THE LAW
PARLIAMENT
THE CHURCH
MR. NERO
NO MULES
TASSO
THEODORE, OR THE MOUSE WHO WANTED TO FLY
THEODORE, OR THE MOUSE AND THE FRYING PAN
ELIAS THE FISHERMAN
TARESH THE TEA PLANTER
LETTER FROM INDIA
LETTER FROM ISRAEL
THE MONK & THE GOAT
THE LONG HAIRED DONKEY
THE MOST BEAUTIFUL CHILD
PEOPLE OF OLD JERUSALEM
INSTANT HEBREW
PAPAS' PORTLAND
PAPAS' GREECE